CB135352

Perguntar Ofende!

José Nello Marques

Perguntar Ofende!

PERGUNTAS CRETINAS
QUE JORNALISTAS NÃO
PODEM FAZER (MAS FAZEM)

DISAL
EDITORA

Coordenação editorial e edição: Paulo Nascimento Verano
Revisão: Francisco José Mendonça Couto

Capa e projeto gráfico: Alberto Mateus
Ilustrações: Dawidson França
Editoração Eletrônica: Crayon P&PG

Dados internacionais de Catalogação na Publicação (CIP)
(Câmara Brasileira do Livro, SP, Brasil)

Marques, José Nello
Perguntar ofende! : perguntas cretinas que jornalistas não podem fazer (mas fazem) / José Nello Marques. – São Paulo, Disal, 2003.

1. Entrevistas (Jornalismo) 2. Jornalismo – Brasil 3. Repórteres e reportagens I. Título. II. Título: Perguntas cretinas que jornalistas não podem fazer (mas fazem)

03-0788 CDD-070.4

Índices para catálogo sistemático:
1. Perguntas : Entrevistas : Jornalismo 070.4

Rua Major Sertório, 771, cj. 1, Vila Buarque
CEP 01222-001, São Paulo, SP
Tel./Fax: (11) 3237-0070

Este trabalho é dedicado aos meus três "Rs"
Rosana Stefano Marques
Rodrigo Stefano Marques
Roberta Stefano Marques

E aos meus eternos professores de vida e jornalismo
Nilson Bastos Bento, Rádio Clube de Garça
João Alexandre Colombani (*in memorian*), *Correio de Garça*
Fernando Vieira de Mello (*in memorian*), Rádio Jovem Pan
José Paulo de Andrade, Rádio Bandeirantes
Salomão Esper, Rádio Bandeirantes

Agradecimentos
Juca Kfouri, Eduardo Martins, José Carlos Carboni, Wanderley Nogueira, Roberto Avallone, Bernardo Kusinski, Reali Junior, Milton Parron, Clóvis Rossi, Miriam Bevilácqua, Ricardinho (ex-Corinthians), Fernando Zamith, Boris Casoy, Milton Neves, Pedro Luiz Ronco, Heródoto Barbeiro, Eduardo Halage, Luiz Augusto Storni e Valdir Zwetsch

Colaboração
Adriana Muniz

sumário

TRAGÉDIAS

POLÍCIA

VARIEDADES

PRÁTICAS JORNALÍSTICAS

PARA TERMINAR

prefácio

Perguntar não ofende... Quantas vezes você já ouviu essa afirmação para justificar indagações impertinentes? O polêmico jornalista José Nello Marques põe lenha na fogueira e tenta provar que perguntar ofende, sim. Embora possa render bons frutos jornalísticos...

O que ofende não é a pergunta em si, é o modo como ela é formulada, que conta muito de quem a faz. Entrevistar é uma arte, e não há jornalista, por mais "cabeça coroada" que seja, que não tenha tido o seu dia ruim, daqueles em que seria melhor não ter acordado para trabalhar. Quem nunca errou que atire a primeira pedra!

O importante é não esmorecer, exercitar a autocrítica, esforçar-se, vencer as limitações de uma má formação e atingir o sucesso na carreira.

Não há hierarquia entre entrevistador e entrevistado. O que deve prevalecer é o respeito mútuo, que só se consegue com muito trabalho, respeito e reconhecimento que se estende ao público-alvo.

Por isso, há esperança, para os que chegam ao mercado ávidos por grandes reportagens, em ter um dia de Bob Woodward e seu caso Watergate. Até lá é preciso trilhar um longo e pedregoso caminho.

Zé Nello, nesta obra de referência sobre a reportagem – especialidade em que é mestre –, recolheu importantes subsídios de jornalistas consagrados e não ensina o que *fazer*, mas, com muito bom humor e exemplos reais, o que *não fazer* em entrevistas.

Em tempos de democracia e de funcionamento pleno das instituições, nós, que somos veteranos e vimos um bocado de coisas boas e ruins, entusiasmamo-nos com as possibilidades que o jornalismo tem hoje. Ao contrário dos anos 60, as fontes de pesquisa e conhecimento são muito mais completas e acessíveis. Mas é preciso ter gana de saber, vontade de aprender, disposição para nunca deixar de estudar e garra para executar as tarefas. Essa é uma profissão em que se tem de mostrar competência todo dia.

Quem foi repórter nunca deixa de ser repórter. A visão atenta e a argúcia para reconhecer o que é notícia são atributos que Zé Nello tem de sobra. Ele mostra. E quer passar sua experiência a você. Aproveite e dê também boas risadas com as cacetadas jornalísticas que povoam o folclore da profissão.

E não as repita...

JOSÉ PAULO DE ANDRADE
SALOMÃO ESPER

introdução

SALA DE CONFERÊNCIA DA CASA BRANCA,
WASHINGTON, DC

DAN RATHER – *Como o senhor se sente sendo recebido com uma mistura de vaias e aplausos?*

RICHARD NIXON – *O senhor é candidato a algum cargo?*

DAN RATHER – *Eu não... e o senhor... é?*

PERGUNTAR DEFINITIVAMENTE não é uma tarefa fácil para o profissional que termina um curso de Comunicação Social. Por mais antagônico que possa parecer, a atividade jornalística coloca inúmeras barreiras quando se tem um microfone à frente. Saber que aquilo que você está falando está sendo gravado e, pior, registrado com imagem, provoca comportamentos distintos nas pessoas. Quantas vezes você não ouviu ou presenciou gente absolutamente desinibida, com facilidade de expor reações e que, quando pega num microfone, não consegue articular uma frase?

Nos últimos anos, a imprensa eletrônica vem mostrando que não basta ser expansivo, inteligente, culto ou despojado para gravar uma boa entrevista ou participar ao vivo de algum programa de rádio ou televisão. A tensão pré-microfone (se isso existe) revela-se com toda a força, transformando – durante a entrevista – verdadeiros malabaristas do comportamento em tímidos e acuados interlocutores. Vencer esse obstáculo é a primeira missão. O tempo de trabalho pode ajudar.

Depois vem a parte mais difícil, que é treinar o cérebro para o jogo de perguntas e respostas com o entrevistado. Saber como iniciar uma entrevista, perceber o modo e o momento certo de colocar uma pergunta – antevendo se o questionamento terá um efeito menos ou mais agressivo –, descobrir meios para fugir do óbvio, pensar em maneiras para evitar a repetição de perguntas, saber como encadear os temas, como extrair declarações importantes ou satisfatórias durante o tempo colocado à disposição pela edição, como colocar "armadilhas" durante uma conversa e, principalmente, estar preparado para as respostas em diferentes tons e estilos.

Evitar as perguntas óbvias é o primeiro passo para dominar esse jogo mental. É aqui que entra um recurso importante para o repórter: estudar um pouco de psicologia, pensando na entrevista como uma técnica de investigação científica. Lá, a entrevista é o primeiro contato com o paciente, que estrutura todo o trabalho psicológico, definindo as coordenadas ou estratégias do trabalho subseqüente.

Por ser uma técnica, a entrevista de investigação científica segue padrões e regras de aplicação que são determinadas de acordo com a visão de ser humano que o profissional tem, ou melhor, a visão de subjetividade que se tem.

Em toda entrevista, seja feita por um profissional da psicologia, seja por um da educação, da justiça ou do jornalismo, os dinamismos psicológicos presentes em toda relação humana estão participando do desenvolvimento e do resultado dessa entrevista. O psicanalista argentino José Bleger diz que o dominante na entrevista psicológica é o tom, o colorido ou o acerto emocional da personalidade do entrevistado. O entrevistador psicólogo apenas dirige a entrevista – e assim acontece também na imprensa. Cada entrevista tem um estilo, um ritmo, uma tonalidade emocional muito diferente de outra feita anteriormente.

Outra similaridade entre jornalismo e psicologia é que na interação entre entrevistador e entrevistado ocorre um fenômeno a que chamamos de transferência e contratransferência. Sabemos que em toda entrevista – não importando que tipo de profissional a realiza ou o propósito com o qual ela é feita – existe uma inter-relação de mecanismos inconscientes dos dois participantes, que interfere no curso da conversa. Esses dinamismos são observados e considerados fundamentais para se conhecer o sujeito que é entrevistado, se ele é curto nas respostas, se é agressivo ou manipulador, se está com vontade ou não de responder e se dissimula ou não a verdade. A diferença é que, na imprensa, essa percepção se torna um pouco mais difícil, pelo tempo disponibilizado pelos veículos eletrônicos.

É verdade que em nossas entrevistas jornalísticas não precisamos – ao contrário dos psicólogos – entender profundamente as relações entre o consciente e o inconsciente, mas é fundamental captar um mínimo de reação emocional do entrevistado para extrair dele as informações precisas e importantes, até mesmo inéditas.

Uma das pessoas mais difíceis que eu entrevistei na minha vida foi o ex-presidente Jânio da Silva Quadros. Homem das letras, ex-professor, Jânio era político teatral na voz e nos gestos, e adotava a estratégia do confronto com os repórteres, impingindo medo e distância. Jânio chamava todos os repórteres de "senhor" ou "senhora", mesmo tendo convivido diariamente com vários deles. O tratamento indicava como deveria ser a conversa.

Fico imaginando como se comportaria Jô Soares diante de Jânio, quando se sabe que o apresentador faz questão de evitar qualquer tratamento reverencial do cargo ou da pessoa. O ex-presidente era tão impiedoso que, certa vez, já na Prefeitura paulistana, nos anos 80, convocou uma entrevista coletiva para explicar que acabara de marcar uma viagem para Boston. A primeira pergunta veio de um repórter não habitual nos encontros jornalísticos na Prefeitura – que à época ainda ficava no Parque do Ibirapuera. "Quer dizer que o senhor vai a Boston?" – perguntou o repórter, revelando o desejo de dar um toque intimista à conversa. Jânio foi impiedoso na resposta, arrancando gargalhadas de assessores e outros jornalistas que lá estavam: "Não, Boston é que vem até mim!".

Jânio Quadros era excêntrico, homem de reações imprevisíveis. Exatamente o oposto de outro ex-presidente, o mineiro Tancredo Neves. Apaziguador, atencioso e gentil com os repórteres quando estes demonstravam desconhecimento ao perguntar ou faziam-lhe questionamento óbvio, Tancredo ficava mais preocupado em aproveitar as entrevistas para mandar seus recados políticos. Mas também tinha suas manias: ao mesmo tempo em que respondia, cutucava com o dedo indicador os joelhos das repórteres. Algo parecido fazia o ex-governador de São Paulo José Maria Marin: enquanto respondia aos jornalistas, usava o indicador para cutucá-los na altura do abdômen. Não se sabe se era uma tática para desconcentrar o repórter, mas, se era, funcionava, porque... como incomodava!

Em situações como essas, marcadas pela tensão e pelo pouco tempo para contornar "manobras", até se perdoa a pergunta óbvia. Difícil é ver e ouvir, diuturnamente, jornalistas perguntando coisas absolutamente previsíveis – seja no esporte, na polícia ou na economia. Tenho duas hipóteses prováveis para tanta bobagem. Ou é falta de conhecimento da pauta que lhes foi conferida, seguida de falha na pesquisa dos temas, ou é excesso de confiança, o que faz com que os repórteres pensem que dominam a conversa com muito mais propriedade que o entrevistado. Os problemas são enormes e inevitáveis nas duas situações.

Nos anos 80, a imprensa esportiva nutriu (e talvez ainda nutra) grande ódio pelo tricampeão de Fórmula 1 Nélson Piquet, que era taxado de prepotente, arrogante e outros adjetivos mais chulos simplesmente porque não suportava a "mesmice" da maioria dos seus interlocutores. E "chutava o pau da barraca" quando vinha pergunta óbvia! É claro que Piquet exagerava, porque, exceto os especialistas, jornalista algum tinha a obrigação de saber a utilidade "do parafuso da rebinboqueta da tração do motor". Mas uma pitada da habilidade de outro Nélson, o Rodrigues, teria feito bem àqueles jornalistas.

Chega a ser insuportável ouvir hoje as transmissões esportivas, de tanta obviedade e poder de adivinhação. Perguntar se o resultado foi bom ou ruim, se a vitória – ou a derrota, o que é pior – doeu ou não, se o time está preparado para vencer, se a preparação foi feita adequadamente, tudo isso hoje não passa de muleta para aquele que não apresenta recursos culturais ou intelectuais para empunhar um microfone.

Outra forma de judiar do ouvinte/telespectador é o largo uso da pergunta descritiva, longa, de um fato que poderia estar contido na resposta do entrevistado – uma forma infantil de mostrar ao seu público que você domina o assunto. Isso acontece muito na área econômica, principalmente quando as entrevistas são exclusivas. O tempo já é por si árido, e muitas vezes a imprensa faz questão de complicar ainda mais a vida do pobre espectador.

Se relacionarmos a história recente do Ministério da Fazenda, vamos descobrir que nenhum titular da pasta se preocupou em usar uma linguagem universal, que todos pudessem compreender, do analfabeto ao empresário. Termos do chamado "economês" passaram a fazer parte da rotina dos noticiários. No rádio e na televisão a situação fica pior, porque uma palavra esquisita dessas, pronunciada com um pouco mais de rapidez ou pronúncia fechada, acaba distorcida pela competição que esses veículos têm com outros sons (trânsito, buzina, gente falando ao lado...). De alguns anos para cá, alguns telejornais – notadamente o *Jornal Nacional*, da Globo – têm apresentado artes e infográficos especiais para explicar melhor as questões econômicas. A analogia vem se mostrando outro bom caminho, fazendo com que as pessoas entendam mais facilmente que "orçamento plurianual" significa projetar quanto se irá ganhar em dez anos e quanto será gasto, e em quê, no mesmo período. Entretanto, o estilo "jornalista sabe tudo" continua reinando soberano quando se trata de explicar o dia-a-dia da nossa economia.

No campo jurídico, a tragédia da imprensa ao fazer perguntas é igualmente grande, e inafiançável, tamanho o uso equivocado de uma porção de conceitos. As reportagens continuam registrando erros calamitosos, que sobressaem quando acompanhamos a cobertura de uma grande tragédia – seja um incêndio, seja um bárbaro assassinato. O desconhecimento da legislação é total por parte da maioria dos jornalistas escalados para esses eventos maiores. "Ele vai ficar preso?" "Ele pode ser libertado?" "Quando será o julgamento?" "Quantos anos de cadeia ele vai pegar?" "Ele foi estuprado, doutor?" São apenas algumas das pérolas jornalísticas mais comuns, que tranqüilamente poderiam ser evitadas se houvesse uma simples consulta ao Código Processual Penal, ou se houvesse o cuidado de transmitir a informação para o público na voz da autoridade, nunca numa pergunta da reportagem. Ou, ainda, se uma boa conversa com um criminalista fosse requerida previamente.

É verdade que evitar todos esses erros não é tarefa fácil, sobretudo porque quase não há tempo para pensar. O rádio, muito mais que a televisão, sempre foi feito ao vivo, tanto com os apresentadores no estúdio como com os repórteres nas ruas. Só o tempo e o exercício constante de "entradas ao vivo" é que irão preparar o jornalista para evitar gafes, não ser imprudente, desenvolver raciocínio criativo e enfrentar o microfone sem medo. A primeira vez, ninguém esquece. Alguns não conseguem e acabam encontrando a vocação em outros setores, como produção, coordenação e, até, buscando outras atividades profissionais.

Dentre os grandes apresentadores de televisão que temos atualmente – como José Luís Datena, Carlos Nascimento, Ratinho, Boris Casoy, Gilberto Barros, Ney Gonçalves Dias, Fausto Silva, Milton Neves e tantos outros –, a maioria primeiro bateu a cabeça no rádio, que permitia mais o erro, a desatenção e o aprendizado, fazendo com que os jornalistas colocassem a mão na massa. Somente nos últimos dez anos é que a televisão começou a criar seus próprios talentos e a aproveitar alguns excelentes jornalistas da imprensa escrita, que se tornaram grandes comunicadores. Hoje, as emissoras estão mais seletivas, o que não impede, infelizmente, o aumento da lista de perguntas cretinas ou mal formuladas.

O exercício diário de entrevistar pessoas de diferentes estratos sociais, econômicos e políticos e de transmitir informação ao vivo é que vai dar a bagagem necessária ao repórter. A máxima de que "é errando que se aprende" ainda vale, mas rapidamente ela vem sendo superada pela necessidade de preparo intelectual e técnico para vencer nesse campo de trabalho que a cada dia que passa se transforma num verdadeiro funil, desmanchando sonhos e empurrando jovens formados em Comunicação Social para áreas completamente diferentes.

São Paulo, janeiro de 2003
J.N.M.

PS: No dia da posse de Lula, um aval importante para este alerta aos jovens egressos dos cursos de Comunicação que sonham empunhar um microfone me foi dado pela magistral figura gaúcha de Rui Carlos Osterman.

No esplendor de fim de tarde de Ilhabela, no litoral norte paulista, deu-se o encontro casual com o jornalista. Comentei sobre o livro, e o aval dele foi imediato: "Eu assisti ao festival de besteiras da imprensa hoje, perguntando ao Lula se ele estava emocionado e coisas assim, e acho que nós, jornalistas com alguns anos na estrada, temos obrigação de abrir uma verdadeira frente de batalha contra essas besteiras de perguntas".

para começar

aBC da Entrevista

Cansada de ouvir barbaridades, a professora Miriam Bevilácqua, coordenadora do curso de Comunicação Social da Uniban – Universidade Bandeirante, resume alguns pontos abordados durante as aulas de Entrevista, disciplina que os alunos de Jornalismo têm no terceiro e no quarto ano.

Atenção: o repórter deve se preparar com antecedência para a entrevista. Em todos os sentidos.

Bastante cuidado com a adequação: até a forma de se vestir pode influenciar ou determinar o rumo da conversa.

Chegar sempre antes do horário marcado é fundamental.

Deve-se criar um clima para o início de entrevista. Entrar direto com o tema da pauta inibe o entrevistado.

Escrever antecipadamente as perguntas ajuda muito. Deve-se ir para a entrevista com pelo menos dez perguntas escritas, que podem estar guardadas em qualquer lugar. Pode ser que o repórter faça todas ou nenhuma delas, e não existe mal algum em – enquanto o entrevistado responde – olhar rapidamente para as anotações.

Foco no assunto. Se o número de informações for grande, o repórter deve levar a conversa sempre em "blocos" para que a audiência não se perca.

Gentileza, sim. Mas não subserviência. O repórter deve interromper o entrevistado sempre que ele estiver esticando a resposta ou fugindo do tema da pergunta. Nunca se intimidar, mas sempre com respeito.

Habilidade para lidar com momentos difíceis. É fundamental ter rapidez de raciocínio quando o entrevistado for monossilábico. Para antever situações como essa, é comum a aplicação de exercícios de criação mental, com a simulação de entrevistas.

Obviamente trata-se de um extrato. As recomendações da professora Miriam facilmente chegariam até a letra Z. Mas fica o recado inicial: a atenção aos mínimos detalhes é fundamental.

*p*olítica

Emocionado, Presidente???

SE FOSSE VIVO, o genial Sérgio Porto, que nos anos 60 imortalizou as besteiras que jorravam dos pronunciamentos políticos, hoje teria farto material com as saborosas histórias de entrevistas coletivas ou isoladas, muitas delas registradas aqui, com as perguntas que nossos repórteres teimam em formular aos políticos antes e depois das eleições.

Dando o devido desconto aos pedidos insistentes de algumas chefias de reportagem para trazer depoimentos emocionados dos entrevistados, o que se viu agora, na cobertura de posse dos candidatos eleitos em 2002, foi uma obviedade sem tamanho. Chegou-se ao ponto de obrigar o máximo mandatário do país – que nasceu pobre no Nordeste, cresceu num sindicalismo de lutas e protestos, disputou quatro eleições para o Executivo e perdeu todas até finalmente chegar ao Palácio do Planalto – a arregalar os olhos e esquecer a dor no ombro com a mais freqüente das perguntas dos jornalistas nos dias que antecederam a posse e também depois, já com a faixa no peito:

— *Emocionado, presidente???*

Claro que a óbvia pergunta pode ser feita, mas ela torna-se imperdoável quando a transmissão está sendo feita ao vivo. A pergunta óbvia serve apenas de isca para uma edição bem-elaborada, carregada de emoção. Nunca jogada na cara do espectador como se ele fosse desprovido de qualquer sensibilidade, vendo sua emoção surgir apenas depois de provocada pela “brilhante” pergunta.

Na ânsia de capturar lágrimas para as lentes das câmeras, os repórteres acabam hasteando a bandeira do lugar-comum também em perguntas derivativas:

— *O que o senhor está sentindo agora???*

— *A emoção é muito forte???*

— *O que sente alguém quando recebe essa faixa???*

Nem mesmo o presidente anterior, intelectual e professor, escapou da bateria ululante dos microfones. Os repórteres que cobriram Fernando Henrique Cardoso passaram oito anos compenetrados em não deslizar nas entrevistas e mostrar conhecimento diante do chefe letrado.

As manchetes do dia seguinte estamparam a frase “Saio Feliz”. No entanto, a pergunta “oculta” vazou inúmeras vezes no corre-corre do Palácio do Planalto até a Base Aérea de Brasília.

Política e Imprensa

A MAIS RECENTE campanha política no Brasil, de 2002, teve como destaque na disputa presidencial, durante o horário gratuito, uma peça apresentada pelo candidato José Serra contra o candidato Ciro Gomes. Durante um programa de rádio na Bahia, os telefones foram liberados para que os ouvintes pudessem perguntar diretamente a Ciro Gomes. Um desses ouvintes começou com um comentário:

— *Eu ia fazer uma pergunta ao candidato à Presidência da República do Brasil, mas vou fazer ao candidato à Presidência da República da Suíça, porque o senhor Ciro Gomes vai representar a gente na Suíça. Porque, aliado com esse Antônio Carlos Magalhães, ele não vai dividir cargos, não. Ele não vai fazer nada, vai ser uma maravilha.*

Na resposta, Ciro começa dizendo que a pergunta deveria ser enviada para o primeiro-ministro da Suíça e depois coloca pimenta no ar (e nas suas pretensões eleitorais):

— *Tem que fazer perguntas com um pouco mais de cuidado para largar de ser burro.*

Se todos os candidatos a algum cargo eletivo resolvessem responder dessa forma às perguntas que lhes são feitas durante uma campanha eleitoral, teríamos sem dúvida uma pancadaria verbal por dia, porque o trabalho é desgastante, no diuturno encontro de políticos com eleitores e repórteres. A cobertura de uma eleição sacrifica muito os veículos, principalmente os eletrônicos, que têm legislação mais rigorosa que a da imprensa escrita. Há restrições de todos os lados e reclamações de todos os partidos e candidatos.

Como normalmente rádio e TV não têm (por motivos de economia) repórteres especializados, fica difícil sair da cobertura de um incêndio, passar pelo lançamento de um CD e depois entrevistar alguém que briga para ser presidente da República. Grosseiras, óbvias, infantis, despropositadas perguntas permeiam o acompanhamento da imprensa numa campanha.

A relação jornalista–político é marcada pela tensão e por uma gama de dificuldades – o que não poupa os ouvidos dos espectadores. Nem acontece, infelizmente, apenas a cada quatro anos.

dia de Eleição

QUANDO CHEGA o dia da votação, em que o estressante processo eleitoral – cheio de subidas e descidas nas intenções de voto, de diz-que-disses, de debates eleitorais – finalmente termina, o assunto ainda está quente, mas nada mais poderá mudar o rumo do pleito. As emissoras acabam tendo que "enrolar", tanto nos estúdios como nas reportagens de campo, para que as transmissões sejam interessantes para o grande público. E é aí que as trapalhadas começam...

Numa das últimas eleições, a imprensa estava acampada na porta principal da casa de um candidato, no bairro dos Jardins, em São Paulo. Perto da hora de fechamento das urnas e do começo da apuração, o candidato saiu para uma cobertura colocada especialmente para abrigar a imprensa. Ele saiu meio-corpo, sorriso estampado. Foi um deus-nos-acuda. Câmeras ajeitando os equipamentos, fotógrafos com suas máquinas estalando *flashes* e repórteres acionando os gravadores.

Uma repórter mais afoita conseguiu ganhar a corrida e encostou primeiro:

— *Candidato... candidato. O senhor está confiante na vitória?*

— *Minha filha, estou aqui apenas para saber se vocês querem pastel de queijo ou de carne!!!*

◈

Para preencher a programação do dia da votação, as emissoras então montam esquemas reforçados para a cobertura, acompanhando o voto dos candidatos e personalidades, mostrando filas, gente apertando os botões na urna eletrônica e o trânsito nas imediações das escolas em que há votação. Analistas políticos e sociais de diferentes perfis são levados aos estúdios para comentários dos mais diversos tipos.

Na pressa de ir para o ar com a informação, alguns deslizes imperdoáveis são muito comuns. Na TV, é usual gravar apenas imagens para que, no estúdio, o apresentador possa "cobri-las" ao vivo e de improviso. Bobagem, porque na verdade as narrações são óbvias. A imagem mostra o candidato fazendo o "V" da vitória e o apresentador diz exatamente a mesma coisa. A imagem mostra filas e ele diz que o eleitor enfrenta muita fila. As frases são repetições exatas do que as imagens estão mostrando.

Pior do que isso é entrevista com candidato depois de ele sair da cabina de votação. É verdade que o grande número de repórteres, fotógrafos, cinegrafistas, eleitores e assessores prejudica o raciocínio, mas nada justifica algumas perguntas que sempre são feitas nesse momento e que DEVEM ser eliminadas para o bem do ouvinte ou do telespectador.

Não chame o eleitor de burro fazendo perguntas do tipo:

— *O senhor está confiante na vitória?*

— *O senhor está otimista?*

— *O senhor confia na vitória?*

Alguns jornalistas até sabem disso e tentam fugir do óbvio. Mas, na hora de tentar inovar, percebem que a tarefa não é tão fácil assim...

Campanha política para eleger o novo prefeito da capital paulista, lá em 1988. Ao longo dos meses que antecederam o pleito, a vantagem do candidato Paulo Maluf sempre foi muito grande em relação ao segundo colocado, então a deputada Luiza Erundina.

Nas últimas 45 horas antes da votação, a situação começava a mudar, e Luiza Erundina virava espetacularmente para ganhar a Prefeitura, num fenômeno que os sociólogos e pesquisadores costumam chamar de manifestação do inconsciente coletivo. A grande maioria mudou seu voto na última hora.

Na primeira coletiva de imprensa após a eleição, repórteres a postos, linhas e *links* testados, lá vem a primeira pergunta à nova prefeita:

— *A senhora se considera uma zebra?*

Erundina olhou para o repórter, ele olhou para ela, percebeu a enorme besteira que havia cometido e todos começaram a gargalhar.

O que fazer nesse caso?
As alternativas são muitas:

- peça para o político descrever como será o seu dia
- pergunte se a ansiedade lhe provoca alterações na véspera e no dia da votação
- pergunte a ele como será a sua agenda política dali em diante
- peça a ele notas sobre propostas dos adversários
- crie uma situação sobre troca de partidos
- crie uma pergunta que o povo faria, como "O senhor acha que político ganha pouco?"

Vexame em Paris

O SONHO DE QUALQUER repórter é cobrir uma guerra, acompanhar um presidente em uma visita ao exterior e conhecer a realidade de outro país.

O repórter Reali Junior, estabelecido em Paris desde os anos 70 como correspondente da Rádio Jovem Pan e do *Estadão*, lembra que lá, como cá, a incidência de perguntas cretinas também é a mesma.

Reali Junior viveu algumas situações curiosas, nada comparável à cobertura da visita do presidente Ernesto Geisel à França.

Na véspera da chegada do presidente Ernesto Geisel à França, o presidente Giscand D'Estaing recebeu três jornalistas brasileiros, representantes de Brasília e dos estados do Rio de Janeiro e de São Paulo, para uma entrevista no Palácio do Eliseu.

No Brasil, havia um grupo de militares formados pela Escola Superior de Guerra, com nível cultural acima da média entre seus colegas de farda – generais como Golbery do Couto e Silva e o próprio Geisel – e que, por isso, foram "carimbados" pela imprensa como o "grupo da Sorbonne" do regime militar. Nem precisava dizer que, durante anos, os tais generais sequer conheciam o pátio de estacionamento da famosa universidade parisiense, mais tradicional da França e berço da intelectualidade e do pensamento da Europa.

Lá pelas tantas, durante a entrevista com o presidente D'Estaing, o repórter de Brasília – logo ele, que vivia no centro do furacão – mandou uma bala que por muito pouco não provoca um acidente; isso mesmo, um acidente com o máximo mandatário da França:

— *Presidente, como o senhor analisa a presença de militares da Sorbonne no governo brasileiro?*

É Reali Junior quem conta:
"Não preciso dizer que o chefe de Estado não entendeu a pergunta e pediu que o jornalista a formulasse novamente, para espanto dos colegas. O repórter repetiu, dizendo que todos sabiam que havia militares da Sorbonne no governo brasileiro. O presidente, também espantado, mas educado, disse que não tinha conhecimento da presença de militares brasileiros formados na escola mais famosa da França".

Às vezes a coisa consegue ser pior ainda, e reflete a falta de preparo dos repórteres para a discussão de questões substantivas. Não é raro assistirmos, durante viagens internacionais feitas por presidentes da República ou candidatos importantes em fase pré-eleitoral, jornalistas propondo a discussão de assuntos de quintal.

Ler e informar-se sobre o entrevistado é fundamental para evitar vexames com seu ouvinte ou telespectador – que, assim como o jornalista, também perdeu a massa crítica.

tô Cheio!

O POLÍTICO MAIS DIFÍCIL para os repórteres talvez tenha sido o ex-presidente da República Jânio da Silva Quadros. Mal-humorado, rabugento, impiedoso, interessado em passar apenas sua mensagem, exímio comunicador para alfinetar seus inimigos e outras dezenas de qualificações não bastariam para definir o perfil de Jânio, segundo os principais repórteres de política que o acompanharam.

Mas o ex-deputado Ulysses Guimarães também gostava, às vezes, de mostrar erudição, dar um toque diferenciado nas suas entrevistas.

Numa delas, a certa altura, respondendo a uma das perguntas na coletiva, ele comenta:

— *(...) Neste caso, falaremos debalde...*

Rápida, mostrando que estava atenta, a repórter interrompe-o e pergunta:

— *Mas, dr. Ulysses, que balde é este?*

O político, mesmo com toda a sua boa vontade com a imprensa, não resistiu:

— *Alguém me socorre? Alguém me socorre!!!*

Outro repórter, bom em sinônimos e respeitando a dor da categoria com a pergunta da colega, dirigiu-se a ele:

— *É em vão, em vão, dr. Ulysses...*

*e*sporte

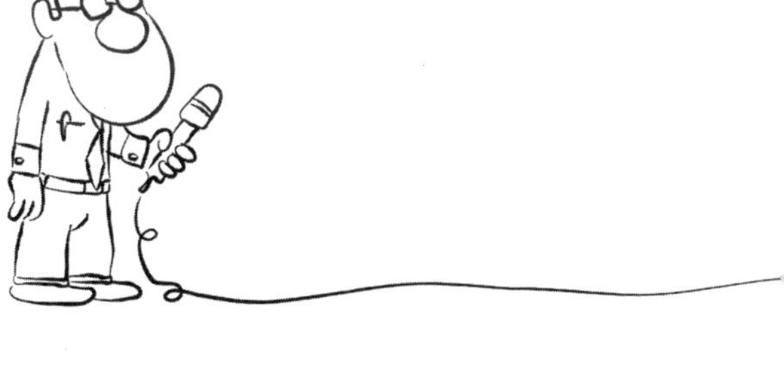

Êta, Grama Boa...

Foi Juca Kfouri, jornalista e apresentador com larga experiência no comando de Redações de revistas e jornais, quem lembrou de um dos mais famosos e ridículos diálogos estabelecidos no futebol.

No Estádio Olímpico, do Grêmio, João Saldanha, saudoso técnico e comentarista esportivo, foi abordado por um jovem e imberbe repórter sobre a qualidade do gramado para a prática do esporte bretão. Ao seu estilo, Saldanha foi seco:

— *Ainda não experimentei...*

Kfouri confessa destempero diante desse tipo de pergunta, tendo ele próprio já dado uma de Saldanha ao ser interpelado por um narrador, durante transmissão esportiva:

— *Como você está vendo o jogo?*

— *Com os olhos...*

As perguntas óbvias repetem-se no esporte como a grama gaúcha. Para Kfouri, "falta ao jovem jornalista o velho hábito de acionar a memória antes de acionar a boca".

Enciclopédia ambulante, Juca Kfouri relembra também outra conversa, esta envolvendo o ex-zagueiro do São Paulo Futebol Clube e da seleção brasileira Oscar Bernardi:

— Oscar, por que todos os jogadores dão sempre a mesma resposta para as perguntas dos repórteres?

— Porque todas as perguntas são as mesmas.

Na avaliação de Juca Kfouri, o comando e a edição da Redação também têm sua parcela de culpa no baixo nível da reportagem, exigindo sempre as mesmas coisas, no que foi confirmado por diversos repórteres da imprensa escrita. Um deles chegou a afirmar que o jornal escreve antecipadamente as respostas dos jogadores, deixando espaço apenas para resultado e nome do atleta.

Como bem demonstrou Oscar Bernardi, os jogadores de futebol também se irritam com perguntas óbvias, na maioria das vezes previsíveis. Enquanto a imprensa não se cansa de relatar histórias engraçadas sobre os deslizes dos craques da bola fora de campo, estes também guardam suas queixas da reportagem. Ricardinho, ex-atleta do Corinthians e atual meia do São Paulo, jogador que se diferencia dos demais pelos recursos culturais e gramaticais, resume aquela pergunta que mais dói, do ponto de vista político e esportivo:

"Quando termina um jogo e nós perdemos, inevitavelmente vem o repórter com a pergunta:

— *Por que o time perdeu?*

Ora, a resposta só pode ser carregada de obviedades, como 'O time deles jogou melhor', 'Eles fizeram mais gols', 'Perdemos as chances' e tantos outros motivos que nós temos que relacionar que foram absolutamente claros para quem ouviu e viu o jogo.

Nós, profissionais, sabemos perfeitamente quando o repórter encosta para sacanear, para perguntar sempre a mesma coisa ou para tirar alguma declaração completamente fora do contexto, como uma que aconteceu comigo na Copa da Ásia.

Nós estávamos saindo de um treinamento duro, entrando no ônibus, naquela correria que todos conhecem, e de repente vem a pergunta:

— *Em quem você vai votar para presidente da República?*"

As duas situações ilustram bem a falta de criatividade do repórter ao perguntar por que o time ganhou ou perdeu e a falta de bom senso para colocar uma pergunta completamente alheia ao que vinha sendo feito pelo jogador. Interessante, sim, saber em quem Ricardinho vai votar, mas não naquele momento, saída de treino, com o atleta, por mais bem preparado que estivesse, com a cabeça voltada apenas para ganhar a Copa (no caso dele, ganhar ainda um lugar no time principal).

Fala Juca Kfouri:
"Acabaram as esquinas das Redações, onde jovens e experientes jornalistas se encontravam para papear, brincar e desenvolver espírito crítico sobre o que estavam fazendo. Isso é praticamente impossível nos amplos salões de hoje".

Wanderley Nogueira!!!

O EXPERIENTE WANDERLEY NOGUEIRA, outro grande repórter esportivo que há mais de 30 anos vem gastando sola de sapato nos gramados do Brasil e do mundo, lembra que os escorregões são muitos, mas é possível minimizar os erros com um treinamento para a primeira pergunta e estar preparado para a segunda se a resposta for rápida demais.

Pergunta jeitosa, educada, às vezes até doce, recebe em troca uma resposta ótima, não importando se a entrevista é com o maníaco do parque ou com o frei Damião.

— *Mas não confunda isso com pergunta óbvia, imbecil ou primária!*

Wanderley também condena aquele repórter que entende que o interrogatório é uma forma de entrevistar com contundência. Aí a entrevista acaba rapidamente. O repórter completa dizendo que um dos segredos é não querer fazer parte do episódio. O entrevistado precisa saber que está conversando com um profissional isento, neutro.

Fala Wanderley Nogueira:
"Esporte tem cheiro de festa, e não deve ser desprezada a pergunta alegre, com bom humor e bom gosto, mas é preciso estabelecer o momento certo, oportuno, que certamente não é aquele em que, descendo as escadas para o vestiário depois de tomar uma goleada de 4 a 0, o jogador recebe na lata a indagação se está triste com a derrota".

Eu Digo, Você Repete!

Jornalistas esportivos condenam uma outra prática antipática, muito aplicada hoje em dia na mídia esportiva – mas não só nela – no rádio e na televisão. É aquela pergunta feita com o intuito de mostrar ao ouvinte ou telespectador que o repórter "está por dentro, conhece, manja muito da matéria" e por isso já dá a resposta:

— Vocês perderam porque jogaram sem quatro titulares, não é mesmo???

— O time foi mal por causa da falta de preparo físico durante a semana, com os seguidos jogos, não é verdade???

O jornalista Roberto Avallone, dois prêmios Esso de Jornalismo na carreira, condena a pergunta exacerbada no começo da entrevista. É preciso saber o ponto exato de "apertar" o entrevistado e até partir para perguntas mais duras.

— *Acho até válido perguntar "O senhor roubou?", mas depende muito do andamento da entrevista. É preciso detectar, com sensibilidade, se há um clima favorável para esse tipo de pergunta.*

O Pito

NOS ÚLTIMOS ANOS, a área de comentário esportivo foi invadida maciçamente por ex-jogadores que abandonaram a chuteira para desfilar seus conhecimentos ao microfone. Se a lei não conseguiu impedir, o vernáculo acaba punindo os craques.

O jogo tinha lá seus 10 minutos e o narrador falava das alternativas táticas do time do São Caetano, quando o ex-atacante deu um bico na canela da língua portuguesa:

— *Eu gosto quando o técnico "opita" assim, deixando o time com variações.*

Em grandes coberturas esportivas, como os Jogos Olímpicos, assistimos à performance dos "especialistas":

— *Fulano de tal deve colocar as mãos mais à frente na hora do salto triplo, porque o tempo no espaço pode ser menor do que a potência dos ombros quando os pés atingirem o solo.*

Besteira pura, ainda mais para quem só assiste ginástica olímpica a cada quatro anos. É o repórter metido a saber de tudo.

E Aí, Como Foi?

JOSÉ CARLOS CARBONI, experiente jornalista que já passou por vários veículos da imprensa falada e escrita, entende que o principal problema na obviedade das perguntas está na falta de preparo intelectual.

— *Somente depois de estar muito informado você consegue formar seu juízo crítico e se preparar para uma entrevista.*

Carboni ressalta que o dinamismo do rádio leva à surpresa e a improvisação, e até entende que uma pergunta óbvia seja usada como aquecimento para questões mais profundas. Mas a sede de informação é fundamental para que o repórter não pergunte apenas bobagem.

Grande repórter, Carboni é também um ótimo colecionador de histórias. Episódios que via nos campos de futebol, ao mesmo tempo em que se cansava de ouvir velhos chavões da reportagem no intervalo ou no final de cada jogo, do tipo:

— *E aí, como foi?*

"Lembro muito bem do velho Oswaldo Brandão, ex-técnico de Palmeiras, Corinthians e outros times. Certa vez no Pacaembu, terminada a partida, seu time perdeu, e o gaúcho não suportou a pergunta idiota que um repórter esbaforido lhe jogou:

— *Brandão, como você viu o jogo?*

— *Sentado!*"

Mata-leão

O ex-goleiro Emerson Leão, hoje técnico vitorioso, é outro esportista que deu – e dá – trabalho à imprensa mal preparada. Suas histórias até lembram as do ex-presidente Jânio Quadros, tamanha a violência leonina das respostas. Jogador de pavio curto, Leão nunca aceitou as provocações da imprensa, que o provocava porque sabia que obteria dele informações diferenciadas e acima da média da maioria dos atletas.

Um dia, no vestiário, Leão também rodou a baiana com um repórter que encostou com jeito de amigo íntimo. Microfone ligado:

— *E aí, Leão, tudo bem?*

– *Não, tô fingindo, amanhã não venho!*

> Outro fato que incomoda e deve ser evitado é contar a história do jogador – e isso vale para qualquer outra personalidade pública –, relembrando seus bons tempos, suas fases desfavoráveis, detalhando onde ele morava no início da carreira, os carros e a vida que tem hoje, e então perguntar se ele ficou chocado com a derrota.
>
> É o chamado "alisa Leão", nenhuma alusão ao ex-jogador do Palmeiras.

Nem na TV a Cabo os Problemas Acabam

O SURGIMENTO DAS EMISSORAS DE TV a cabo propiciou a transmissão de milhares de eventos – esportivos, sobretudo. Como não há um compromisso forte com o esquema comercial, esses canais segmentados têm a possibilidade de fazer um trabalho diferente, com mais calma, aprofundando-se nos detalhes com muitas informações e imagens exclusivas.

Está certo que o show é completo, mas as emissoras por assinatura não perderam o vício das TVs abertas, e a terminologia é praticamente a mesma, ao menos quando se trata de transmitir futebol. Numa rodada de fim de semana, o canal de esporte abre a jornada com uma hora de antecedência, tem análise de arbitragem, entrevista técnicos, jogadores e dirigentes. Além de contar com comentários de ex-jogadores de futebol, alguns brilhantes, mas tropeçando demais na língua portuguesa.

Numa dessas longas transmissões, o trabalho foi bem até os 15 minutos do primeiro tempo. Daí veio um diálogo estapafúrdio entre o agitado narrador, querendo passar emoção, e o repórter, carioquíssimo na sua tranqüilidade:

— *E aí, Fulano, como está o técnico do Botafogo?*

— *Ele está neste momento observando o jogo!*

eu Sou Ator

O CAMPEONATO BRASILEIRO de futebol tem revelado grandes nomes para o esporte bretão. Infelizmente, boa parte de nossa imprensa esportiva não acompanha a evolução dos jovens meninos batendo na bola. Não bastasse ao torcedor ouvir dos jogadores os mesmos bordões, como "Se Deus quiser", "O Professor conversou com a gente", "Vamos dar tudo de si", entre outras pérolas, ele (o torcedor) ainda tem de agüentar questionamentos discutíveis dos repórteres de campo.

São Paulo e Internacional jogavam no Estádio Beira-rio, em Porto Alegre, quando aos 12 minutos do segundo tempo o meia Cleitão, ao disputar uma bola pelo alto, caiu de mau jeito, deslocando a clavícula. De longe, os companheiros acenavam para médicos e massagistas.

Cleitão chorava de dor, e precisava de socorro imediatamente. Quando o jogador finalmente foi atendido no campo e colocado na maca, os repórteres atrás de um dos gols aguardavam ansiosamente sua passagem. Foi o carrinho com a maca se aproximar e todos colocarem os microfones na boca do Cleitão. Era só "ai, ui, aaaai".

Um dos repórteres não agüentou. Não bastava aos seus ouvintes a reprodução dos gemidos do jogador, e ele tascou:

— *Dói muito???*

O jornalista e apresentador Milton Neves também tem as suas perguntas "preferidas". Para ele, uma das mais terríveis – que fere os tímpanos do ouvinte e do telespectador – é aquela que ocorre quando um atleta vai jogar em uma equipe de outro estado.

— *Qual a grande diferença entre o futebol carioca e o futebol paulista?*

Como se nos gramados cariocas a bola fosse oval, ou no campeonato gaúcho o futebol fosse jogado apenas com toques de cabeça. Ou, ainda, como se o piloto voasse melhor no céu de Paris do que sobrevoando São Paulo (é claro que lá tem mais charme).

bola de Cristal

Quando dois times entram em campo para o início de uma partida, os repórteres de rádio e televisão trazem detalhes da preparação dos atletas. Essa, aliás, é uma exclusividade da imprensa esportiva brasileira, já que na grande maioria dos países ninguém entra em campo com o microfone. Os jornalistas aguardam a entrevista coletiva que ocorre ao final da partida.

Aqui não. Em nome da notícia, os jornalistas vão logo ao que interessa:

— *E aí, vai entrar para ganhar???*

— *Quem ganha o jogo???*

— *Você está pronto para a vitória???*

Foi assim num Corinthians e Palmeiras, pelo Campeonato Paulista de 1976. Normalmente são dois times rivais, beirando a inimizade. E suas torcidas seguem no mesmo ritmo. Naquele jogo saíram sete gols: Corinthians 4 x 3 Palmeiras.

Durante todos os 90 minutos o placar se alternou com viradas sensacionais. Um grande jogo, suado, cada gol comemorado como se fosse final de Copa do Mundo.

Fim do espetáculo, os jogadores trocam as camisas e a torcida corintiana vibra. Adãozinho, o melhor em campo, é cercado pelos microfones desesperados em busca de uma mensagem para o público.

— *Está feliz com a vitória???*

Na mesma transmissão, uma segunda pergunta chama a atenção do ouvinte e telespectador:

— *Você esperava essa virada???*

Mas às vezes o entrevistado não está disposto a conceder clemência quando recebe uma pergunta dessas. Principalmente quando seu time está sendo sufocado pelo adversário.

No intervalo de uma partida entre Atlético Paranaense e São Paulo, em Curitiba, o repórter se aproxima do técnico tricolor Oswaldo de Oliveira e o diálogo revela o óbvio, com a resposta no mesmo tom:

— *Você vai voltar com o time no ataque?*

— *Se o Atlético deixar, sim!*

*t*ragédias

Esperança

Ao LONGO DOS ANOS, as emissoras de rádio primeiro, e as de televisão depois, sempre separaram espaço nas suas programações para gente procurando por parentes e amigos. Grandes reportagens de encontros memoráveis surgiram assim, num simples apelo. O momento mais crucial é o da procura. Quando o resultado é positivo, todos ganham, principalmente o veículo com um assunto emocional captando mais audiência.

Na televisão, os programas dominicais costumam trazer grandes histórias. Numa delas, a mãe procurava seu filho, que sumira ainda na maternidade, havia 33 anos. Ela deu à luz e o bebê simplesmente desapareceu.

A matéria, editada, começa contando isso. Depois, mostra a mudança na vida da mulher ao longo desses anos todos. Casou novamente, com um alemão, foi para a terra natal do marido, teve mais um filho, ficou rica com a união.

Fez tudo isso, mas nunca se esqueceu do filho perdido depois do parto, e então peregrinava por veículos de comunicação e hospitais em busca de alguma pista que a levasse a encontrá-lo.

Depois de traçar todo esse perfil da mulher, com imagens dela andando pelas ruas do Rio de Janeiro, entrando no hospital, registra a palavra do diretor da maternidade dizendo que a ficha já havia sido destruída após tanto tempo.

A matéria corta então para a primeira pergunta do repórter, e aí vem o desastre, quase uma bofetada na cara da inteligência do telespectador:

— *Qual a sua maior esperança hoje?*

Pouca Gente

QUANDO HÁ UMA GRANDE tragédia e a cobertura é instantânea, cresce o risco de erros na mesma proporção em que aumenta a audiência. Quedas de aviões, desmoronamentos, acidentes ferroviários, grandes incêndios e tantos outros momentos na nossa história recente serviram de aprendizado aos repórteres que estão diariamente nas ruas.

Avião cai em Paraibuna, nas redondezas da capital paulista. O repórter na Redação está em estado catatônico, transmitindo rapidamente informações para seus ouvintes. Ele consegue, pelo telefone, colocar no ar um delegado de polícia que informa que o aparelho tinha 29 ocupantes e 23 morreram. Aí o repórter, para confirmar, pergunta:

— *Confirmando, doutor, quer dizer que morreram apenas 23 pessoas?*

O grande jornalista Fernando Vieira de Mello costumava dizer, brincando, aos seus imberbes garotos da Redação no momento em que surgia uma tragédia desse tipo:

— *Antes de dar qualquer número de mortos, conte os sacos com os corpos. E espere alguns minutos ali, para ter certeza de que ninguém está respirando.*

Mesmo assim, tinha gente que não aprendia.

Me Liga

ACIDENTE AÉREO sempre tem repercussão grande na imprensa. Não é todo dia que cai um avião. Ainda mais quando se trata de um aparelho Mirage, da Força Aérea Brasileira. Pois foi isso que aconteceu quando a aeronave decolou da Base Aérea de Goiânia.

Na Redação, os apuradores tratavam de descobrir dados que pudessem alimentar o noticiário. Um deles conseguiu contato com um capitão da Força Aérea, que, muito solícito, começou a dar informações detalhadas de como tinha sido o acidente, de onde o avião tinha saído, quem eram os ocupantes e por aí vai. Só não especulou sobre as causas da tragédia, porque isso dependia de laudo técnico.

No meio da conversa, jornalista e capitão já pareciam grandes amigos. Tratavam-se por "você", lamentavam juntos o ocorrido e, na cabeça do cidadão da Redação, ele tinha estabelecido, a partir daquele contato, uma fortíssima relação com a Aeronáutica – e então passava a ter uma fonte permanente.

Pensando em selar definitivamente essa amizade, o repórter não pensou muito e, ao despedir-se do capitão, tascou:

— *Quando cair outro, posso te ligar?*

Não é preciso muita inteligência para saber que o representante das Forças Armadas bateu-lhe o telefone na cara.

O mesmo cuidado deve ser observado quando se é escalado para cobrir o velório de alguém famoso. De repente, a tragédia pode se repetir, desta vez verbal, como aconteceu com o repórter carioca, entrevistando o jogador de futebol Friaça, que acabara de perder o filho, acidentado com uma asa-delta.

— *Se ele ressuscitasse o senhor o deixaria voar de novo???*

Medo de Avião

Um Fokker-100 que ia para Araçatuba ficou sem combustível e precisou deslizar de barriga num pasto perto da cidade de Birigüi, interior de São Paulo.

Momentos após o pouso, fora de qualquer pista, lá estava a equipe de TV. Imagens diferentes – turbina com vaca, fuselagem com terra –, grande material. Faltava apenas o depoimento dos passageiros.

É neste momento que a coisa complica. Repórter ao lado de uma senhora sentada num toco de árvore, lenço enxugando lágrimas e suor do rosto, quando vem a pergunta:

— *O que a senhora sentiu quando estava pousando???*

Parece que reportagem e aviação não se dão mesmo muito bem. O comandante Gilberto ficou famoso na aviação brasileira. Ele pilotava o Boeing que caiu perto do Aeroporto de Orly, em Paris. Sobreviveu, ficou várias semanas internado para se recuperar dos ferimentos e, na volta a São Paulo, enfrentou a primeira pergunta na coletiva:

— *O senhor esperava por essa tragédia, comandante?*

Lamentavelmente, o comandante não tinha bola de cristal. Anos depois, desapareceria junto com a tripulação de um outro Boeing durante o trajeto São Paulo–Japão, do qual nunca mais houve notícias.

Água e Fogo

No início dos anos 70, dois grandes incêndios, nos edifícios Andraus e Joelma, causaram muitos mortos e feridos, traumatizando a população. Os acidentes foram responsáveis, também, pela reestruturação dos sistemas de segurança nos prédios. E ensinaram ao radiojornalismo como deve ser uma cobertura de sinistro dessas proporções.

Em ambos, viu-se a mobilização de repórteres no local do fogo, nos hospitais, pedindo saquinhos de leite para os bombeiros e narrando em detalhe toda a operação de salvamento, atendimento, drama de moradores e trabalhadores, e rescaldo.

Às vezes, no entanto, os lapsos vêm.

Anos 80. Era por volta do meio-dia de um sábado quente na mais Paulista das avenidas, quando a Redação da rádio recebe comunicado de que um grande incêndio tomava conta do prédio de escritórios da Cesp.

Repórteres (os poucos de plantão no fim de semana) descem correndo para a garagem, tomam as viaturas com aparelhos de freqüência modulada para entrar ao vivo e começam a dar as primeiras informações.

No local, uma jovem repórter nota a aproximação de um caminhão-tanque do Corpo de Bombeiros. Os homens desenrolando rapidamente as mangueiras e a escada Magirus alçada. Lá em cima, as labaredas já davam os primeiros avisos de que a tragédia poderia ser maior.

A repórter corre e encosta no capitão, perguntando esbaforida:

— *Vai jogar água???*

Desenvoltura parecida teve outro repórter enquanto cobria incêndio ocorrido nas Indústrias Matarazzo – grande complexo industrial que existia na zona oeste de São Paulo.

Na correria da cobertura do incêndio, o destemido repórter pergunta a um bombeiro que saía correndo de um dos galpões em chamas:

— *Está muito quente lá dentro?*

O Primo Rico e o Primo Pobre

A MORTE DE QUALQUER PESSOA, por mais que os familiares estejam preparados para o pior, traz muita tristeza, choro e aquele sentimento de saudade que todos nós já passamos e estamos cansados de ver nos velórios da vida. Pessoas abraçadas, chorando, e lembranças daquele que se foi. A imprensa não se cansa de registrar essas cenas. Principalmente quando a morte é provocada por atos violentos como confrontos com a polícia ou acertos entre traficantes na periferia e nos morros das cidades.

Quando morre alguém famoso, a pergunta mais profunda é:

— *Qual o momento da vida dele que mais o marcou???*

Quando morre alguém da periferia, vítima de uma chacina ou da inconseqüência de alguém armado, a reportagem traça o perfil da família, dos amigos, do bairro, do caso em si, e não perde a oportunidade de entrevistar alguém da família que, diante de tanto sofrimento que a vida lhe impôs, nem lágrimas mais tem para derramar.

Em casos assim, é comum ver o repórter disparar:

— *A senhora está triste???*

tipos de Morte

A IMPRENSA BRASILEIRA (a mundial também) adora transmitir agonia e morte de uma grande personalidade. Nos últimos anos, tivemos exemplos marcantes, como Tancredo Neves, Ayrton Senna e Mário Covas.

Quando os grandes nomes são abatidos por doenças evolutivas, geralmente as Redações fazem um revezamento de repórteres. O suplício é diário. Foi assim com Tancredo. Durante muitos dias os repórteres se armavam dos equipamentos no auditório do Incor à espera do pronunciamento oficial, feito sempre pelo porta-voz Antônio Britto.

Dona Leda Collor, mãe do ex-presidente Fernando Collor de Mello, ficou dois anos numa cama de hospital, respirando por aparelhos. Na cobertura derradeira, os médicos começaram explicando que a paciente tivera morte cerebral. Tecnicamente, o termo significa "estado irreversível de lesão cerebral", ou seja, as áreas do cérebro necessárias à manutenção da vida pararam de funcionar.

Foi quando um imberbe repórter indagou:

— *Doutor, quais são as chances de ela voltar a conversar???*

Em 2001, o músico Marcelo Fromer foi atropelado por uma motocicleta numa das avenidas mais importantes dos Jardins, bairro nobre da capital paulista. Levado ao Hospital das Clínicas, ficou três dias em coma, por causa da gravidade dos ferimentos. Durante esse período, a família pediu que não fossem dadas entrevistas. As informações limitavam-se a um sucinto boletim médico diário lido pelo assessor de imprensa do HC.

No terceiro dia, os médicos se reuniram para uma entrevista coletiva, quando anunciariam a morte cerebral do músico e a decisão da família em doar seus órgãos.

Preparada a coletiva, com dezenas de repórteres e operadores de áudio e vídeo, eles anunciaram oficialmente a morte cerebral. Começaram as perguntas, e uma das primeiras quase derrubou das respectivas cadeiras todos os médicos. A moça, empunhando o microfone de uma emissora de TV, questionou:

— *Os senhores anunciaram a morte cerebral. Quando será decretada a morte verdadeira de Marcelo Fromer???*

Para que não haja dúvidas, nem falhas futuras: a morte cerebral é o equivalente médico, legal e ético da morte diagnosticada pelos critérios de perda de respiração e de batimentos cardíacos. Tão verdadeira, infelizmente, quanto a outra.

polícia

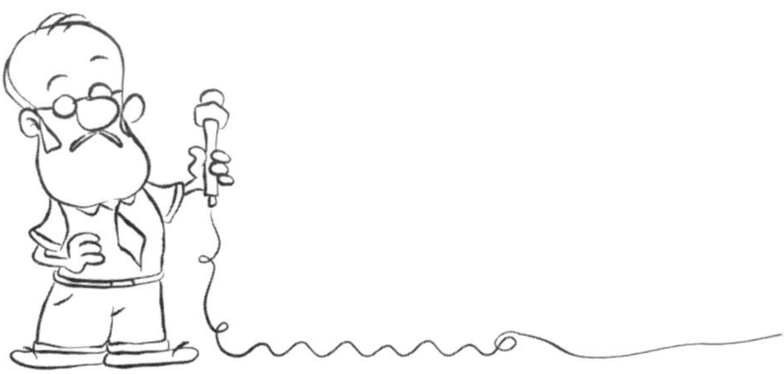

Caso de Polícia

NO JORNALISMO POLICIAL, a desconfiança entre imprensa e polícia é o maior entrave para uma boa entrevista, sem escorregões de ambas as partes. Para o repórter, nunca fica claro até que ponto o policial está lhe passando todas as informações. Para o policial, sempre fica obscuro até que ponto o repórter está sendo honesto ou servindo a algum interesse, como "laranja" de um terceiro.

A falha ocorre nas duas pontas: com o policial muitas vezes querendo destaque na mídia e na sociedade e com o repórter em busca do furo – nem sempre medindo conseqüências.

Eduardo Halage, delegado especial da Polícia Federal de São Paulo, diz-se "escolado" com a imprensa, desconfiando sempre se suas respostas não serão desviadas para um contexto que não seja ligado diretamente aos fatos que estão sendo apurados.

Não é exagero dizer que uma entrevista malfeita pode prejudicar famílias inteiras, aniquilar carreiras construídas com muito sacrifício. E às vezes não é nem por má-fé, mas por desconhecimento da matéria, mesmo.

Fala Eduardo Halage:

"Se o repórter vai entrevistar um delegado, deve ter o mínimo de conhecimento jurídico, como, por exemplo, saber a tramitação do inquérito e evitar perguntar bobagens como 'E agora, doutor? Ele vai ficar preso? O senhor vai soltar?'. Delegado não solta ninguém. Ele só prende por força de lei ou por flagrante.

Se você perguntar para a maioria dos repórteres se o delegado pode prender alguém, eles responderão que sim, é só passar na rua e prender. Outros chegam ao absurdo de dizer que delegado não pode prender mais ninguém por causa da Constituição, desconhecendo por completo as formas legais pelas quais você pode segregar um cidadão da sociedade".

Não erre mais:

— *O juiz, em sua sentença, pediu 15 anos de prisão em regime fechado, por causa dos crimes.*

Notícia errada: Juiz não pede, manda – por meio de sentença.

— *Fulano de tal foi estuprado pelos companheiros de cela.*

Notícia errada: Estupro é apenas quando a vítima é mulher. Quando é homem, trata-se de atentado ao pudor.

A responsabilidade do repórter em compreender as informações obtidas de um técnico é muito grande, afinal, um bom entendimento é fundamental para que o jornalista possa transmiti-las para sua audiência em linguagem universal. Se o delegado, ou qualquer outro policial, falar alguma coisa que não foi imediatamente compreendida, deve-se questioná-lo claramente.

O repórter não deve colocar sua idéia ou fazer prevalecer a sua vontade – nem muito menos fazer prevalecer a vontade do entrevistado –, devendo restringir-se ùnicamente a recolher a notícia e repassá-la ao seu público.

É novamente o delegado Eduardo Halage quem dá o caminho das pedras:
"Pode-se dizer 'Doutor, não seria isso?'; mas não chegar com a resposta pronta, tipo: 'Doutor, não seria isso por causa daquilo em função daquilo outro?'. Se eu estou dando uma entrevista e me perguntam assim, respondo imediatamente: 'Sim, seria, e daí?'. Dessa maneira, o repórter não tirou absolutamente nada do delegado ou do investigador".

Confiança na relação polícia–imprensa é fundamental para um bom trabalho das duas partes. A certeza de que não haverá uma edição maliciosa das declarações e de que uma informação passada pela polícia não está errada: esse é o princípio de uma boa convivência.

O delegado Eduardo Halage ressalta que na Academia de Polícia, atualmente, as aulas contêm sempre alguma orientação nos cuidados que o policial deve ter ao conversar com jornalistas.

— *Isso também deveria ser feito nas escolas de comunicação.*

e Dar Pra Quem?

As informações policiais são muito perigosas por vários aspectos. O repórter ou apresentador precisa ter uma certa dose de conhecimento de direito. Além, é claro, de observar com atenção as colocações que muitas vezes são rotineiras no ambiente policial, mas que atentam contra a forma correta de noticiar os fatos.

Uma das frases preferidas no jornalismo eletrônico acontece quando a polícia descobre grandes quantidades de drogas, desmantela quadrilhas e apresenta às câmeras montes enormes de maconha, cocaína, crack e outros produtos ilegais. Aí o repórter informa:

— *A polícia acaba de apresentar 100 quilos de drogas recuperadas de um caminhão com baú falso, que trafegava pela Rodovia dos Imigrantes.*

Faz-se necessário esclarecer à patuléia que a polícia NÃO RECUPERA a droga. A polícia APREENDE a mercadoria. Se estivesse correto o verbo "recuperar", certo também seria imaginar que a polícia devolveria a dita cuja para algum destinatário que tivesse registrado a ocorrência em boletim oficial.

a Testemunha

O NOTICIÁRIO POLICIAL é recheado de momentos hilariantes. Um deles aconteceu no episódio do maior assalto ocorrido até hoje no Brasil, cometido por uma quadrilha de gregos contra um carro bancário que transportava valores.

A polícia, atrapalhada, arrolou centenas de testemunhas. Entre elas um jovem cego de nascença, que teria ouvido a gritaria na hora do assalto e, por ter a audição apurada – o que compensava a deficiência visual –, identificou o idioma que falavam os assaltantes.

O rapaz cego é então ouvido pela imprensa e, nesse momento, entra a "brilhante" pergunta do repórter de uma rádio que transmitia ao vivo todos os acontecimentos:

— *O que você viu de marcante que vai ajudar a polícia a esclarecer esse crime???*

e Que Vontade!!!

O Brasil vem produzindo recentemente imagens que chocam o mundo. Uma delas é a das superlotadas celas dos presídios e distritos policiais das grandes cidades. Dezenas de presos se espremendo em cubículos malcheirosos, sem qualquer tipo de assistência. A imprensa chegou a criar o jargão "homem-morcego" para descrever como eles dormem nestes locais.

Quando os repórteres recebem uma pauta para denunciar a situação, duas são as recomendações principais – detalhar os principais problemas que a superlotação provoca e, quando é TV, trazer imagens, muitas imagens.

Delegados são ouvidos, entidades não governamentais denunciam o desrespeito aos direitos dos presos e as entrevistas são truncadas. Preso gritando com os braços para fora das grades, rostos cobertos e bandanas na cabeça.

Quando o repórter tem sorte e consegue entrevistar isoladamente um preso, pergunta como é viver com falta de espaço, muita sujeira, saudade da família, risco de morrer por falta de ar e tudo quanto é perigo que envolve uma vida assim.

E termina com a inevitável pergunta:

— *Qual é o seu maior desejo neste momento???*

*v*ariedades

Rei do Quê?

No começo dos anos 70, numa das rádios mais populares de São Paulo, o apresentador conversa com suas ouvintes que mandam cartas, lê poesias e recebe artistas famosos da música popular brasileira para entrevistas descontraídas.

Certo dia, chega para o programa o cantor Wilson Simonal, grande sucesso nas paradas com seu balanço característico. Em um ponto da conversa, Simonal puxou o tema da música que estava lançando, um enorme sucesso naquela época. A música se chamava "Tributo a Martin Luther King", de autoria do próprio Simonal em parceria com Ronaldo Bôscoli.

Incomodado com o rumo que a prosa tomava, o apresentador não teve dúvida:

— *Mas, Simonal, ele foi mártir do quê?*

Mistura Fina

NUM PROGRAMA TRANSMITIDO em rede nacional por uma conceituada rede que engloba rádio, TV e jornal, lá pelas tantas o apresentador chama o comentarista que fala sobre vinhos, uma paixão que a cada dia ganha mais adeptos no Brasil.

Os dois renomados homens de comunicação conversam animadamente sobre o melhor vinho para o jantar, passam as dicas para quem gosta de vinho tinto ou vinho branco, as produções nacionais e até as diferenças dos copos para a bebida. Por que um é maior, outro é menor.

Em determinado ponto da conversa, quase no final, o que estava no estúdio, sem que ninguém conseguisse entender a razão, fez para o especialista que estava falando por telefone, do Rio de Janeiro, uma pergunta que por pouco não provoca uma série de acidentes no trânsito caótico de cariocas e paulistas, todos ao mesmo tempo:

— *Fulano, por favor, qual o vinho que combina melhor com um baseado???*

TV Fofoca

A TELEVISÃO BRASILEIRA, nos seus programas vespertinos e dominicais, descobriu que o público adora fofoca de artista e por isso hoje as nossas tardes são destinadas à TV que fala da TV, esquecendo qualquer outro assunto. Um das predileções nas longas matérias, porque é preciso preencher as horas de programa, é o chamado “perfil de artista”.

Numa tarde, a edição mostrou o figurão fazendo de tudo. O que ele come, o que ele bebe, suas preferências sexuais, como se veste para os shows, a sua relação com os fãs. Enfim, de forma editada, tudo o que o público gostaria de saber sobre o artista, o texto em *off* acompanhado por imagens de arquivo.

Para terminar brilhantemente, tinha de entrar uma pergunta da repórter. E aí pintou tragédia na tela. A cena era o artista chegando de sunga na praia. Desce do carro, atravessa o calçadão e pisa na areia.

A matéria corta para a repórter:

— *Por que você gosta de vir à praia???*

Helicópteros Me Mordam

A cobertura feita pela televisão com imagens de helicóptero é, sem dúvida, uma grande evolução na TV brasileira. Mas é preciso ter alguns cuidados. Principalmente quando os apresentadores vespertinos são picados pela mosca da narração jornalística. Aí o risco de o bovino caminhar rapidamente para o lodaçal é grande, como aconteceu.

A apresentadora interrompe as fofocas dos artistas e chama o comandante tal, com imagens do helicóptero abrindo para um carro com o motor pregado numa árvore. Se fosse para uma rádio, as intervenções da moça certamente provocariam outros acidentes:

— *Nossa, comandante, um carro bateu* com *a árvore?*

— *Olha lá, já colocaram a* prancha *[os normais dizem "maca"] ao lado do carro!*

— *Isolaram o carro para evitar* faísca.

— *Olha só como a câmera foi* fundo, *no meio das árvores!*

— *Os paramédicos ainda não conseguiram tirar as dúvidas [os mortais falariam "vítimas"].*

— *Olha só aquela garota andando de um lado para outro, perto do carro, como se fosse um* zumbi*!*

Para não ficar em muita desvantagem, o comandante entrou no ar para coroar a narração:

— *Pronto, já colocaram a moça ferida na* prancha.

É maaaaaaca!!!

Ai, Que Dor!

Reportagens médicas são difíceis de fazer. Não bastasse a profusão de termos específicos – que requerem preparo por parte do entrevistador –, é preciso ter muito cuidado ao abordar pessoas que passaram, ou estão passando, por traumas decorrentes de acidentes ou intervenções cirúrgicas.

Até para não causar outros – ao ouvido.

Na década de 80, um cidadão americano sofreu um grave acidente de trânsito e, apesar de ter feito diversas cirurgias, terminou tetraplégico. Sua família teve muita dificuldade para se acostumar com a nova situação, mas, ao mesmo tempo, buscou soluções para minimizar o drama daquele jovem.

O pai, incansável, acabou por desenvolver um sistema segundo o qual o rapaz, no piscar de olhos, conseguia acionar as teclas de seu computador. Ele piscava e a tecla respondia.

Como o show da vida precisa de alimentação constante, lá foi o repórter contar toda a história. Levantou dados, fez o *off*, passou o som e mandou o material para a edição. Não se sabe o porquê, mas o moço devia ter um tremendo inimigo na Redação.

A primeira cena corta para o repórter ao lado do rapaz tetraplégico, e o jornalista não pensa nem um pouco para fazer a primeira pergunta:

— *Esse acidente mudou a sua vida???*

Ainda anos 80. O transplante de coração, técnica revolucionária que o médico sul-africano Christian Barnard legou ao mundo, acabara de chegar ao Brasil. A equipe do professor Euríclides de Jesus Zerbini estudou e treinou com afinco. Tanto que logo começaram os transplantes, que desde então salvam vidas.

Nas primeiras cirurgias, era comum a junta médica convocar uma entrevista coletiva à imprensa, para noticiar ao mundo que o Brasil estava avançando nessa área. Infelizmente, as coberturas médicas têm poucos especialistas na nossa imprensa.

Numa dessas coletivas, o repórter de TV, vestindo imponente terno, cabelo bem arrumado e voz impostada, pronto para entrar ao vivo no principal jornal de TV do país, manda bala:

— *Doutor, o paciente sente muita dor no momento da troca do coração?*

Zé Gotinha

A CAMPANHA DE VACINAÇÃO contra a poliomielite mais uma vez mobiliza a sociedade. Arma-se um grande esquema nos postos de vacinação. A imprensa entrevista médicos e pais com seus filhos no colo. São imagens que todos os anos se repetem. Filas, criança chorando, ministro fazendo média e aplicando duas ou três gotas, e por aí vai.

Num determinado jornal televisivo da nossa maior rede, a matéria editada mostra tudo isso com um *off* da repórter, com imagens de uma fila de espera. Então, a imagem é cortada para a repórter, que está ao lado de um jovem pai sentado, segurando dois filhos, um em cada joelho. Ele diz que tem o dever moral de trazer suas crianças, jamais se omitiria numa hora dessas e que não se importava em esperar uma ou duas horas para cumprir o dever.

Então entra em cena a repórter. Microfone em punho, e a pergunta que não podia faltar:

— *Valeu a pena???*

Não, amiga, valeu a *perna.*

Pai e Mãe

NOS ANOS 60, surgia na França o chamado parto Leboyeur. A explicação é simples – o recém-nascido deixa o abdômen da mãe e no mesmo instante é colocado sobre ela, antes que o cordão umbilical tenha sido cortado. Sabe-se que durante alguns minutos o cordão continua sendo o canal para os batimentos cardíacos. Quando a placenta se desprende do útero, essa oxigenação é interrompida e aí a equipe faz o corte.

Em determinada entrevista, dessas em que o médico explica detalhadamente os benefícios da ligação entre mãe e filho mantida por alguns minutos, o glossário científico foi engrossado por uma brilhante pergunta de uma jovem repórter, talvez interessada em futuramente ter um filho por aquele método:

— *Doutor, a presença dos pais é importante nessa hora???*

Resposta simples do médico:

— *O pai, eu não sei. mas a presença da mãe é fundamental!*

práticas jornalísticas

Cretinismo Jornalístico

O PROFESSOR BERNARDO KUSINSKI, titular do Departamento de Jornalismo da Universidade de São Paulo, observa claramente o despreparo da reportagem para fazer perguntas, sejam elas óbvias ou não. As situações mais comuns no campo da política ou da economia, por exemplo, são as do entrevistado sentir vergonha pela má qualidade das perguntas que lhe são feitas. A diferença de idade entre entrevistador e entrevistado também conta. O segundo geralmente é mais velho e a reportagem é muito jovem. O entrevistado acaba vendo aquele jovem como seu filho e tem vergonha: "Será que meu filho é tão ignorante assim?".

O professor da ECA faz um alerta importante para os jovens que estão saindo das escolas de jornalismo em busca de uma vaga para a reportagem.

Fala Bernardo Kusinski:
"Os jovens não sabem e não se preparam. Eles não vasculham o arquivo, não buscam informação anterior. Simplesmente entram na onda do jornalismo que se faz hoje – da mão para a boca. O chefe não pede, eles não têm um cara mais velho trabalhando junto para ensinar os macetes da profissão e talvez nem saibam que poderia ser diferente. O repórter hoje está pressionado pelas pautas, com exigência de muita produção e entende o jornalismo de hoje como uma atividade medíocre. Mediocrizaram a atividade com a correria, e os jornais às vezes não têm memória do que ele mesmo escreveu no dia anterior, ou há um ano. Isso acaba se refletindo nas entrevistas".

Para Bernardo Kusinski, diversas situações devem ser analisadas quando o assunto é a infantilidade da imprensa, ou seu despreparo. Às vezes, o problema não está numa pergunta óbvia, mas numa afirmação mal pensada, que se transforma em insulto. Kusinski cita as campanhas eleitorais, quando os repórteres, revelando até mesmo um traço de preconceito, interpelam os candidatos com algo do tipo:

— *O senhor está preparado para governar?*

— *O senhor vai continuar o "Rouba mas faz"?*

Perguntas provocativas como essas reúnem todos os atributos de uma má pergunta numa só. Permitem apenas uma resposta, nem sempre sincera:

— *Não!!!*

Os jornalistas estão parando de pensar. Não se sabe se é por preguiça ou modo de pensar sem qualquer raciocínio crítico. Só para comparar, o professor Kusinski lembra o aluno espírito de porco, que está sempre questionando nas aulas do colégio, pegando o que a professora fala para estudar o que está errado. O jornalismo brasileiro não faz mais isso porque, como o jornalista não quer ver, não procura. Ele engole tudo, aceita tudo. Por conseqüência, as falas são bobas, as entrevistas são bobas, sem o desenvolvimento de qualquer raciocínio.

Kusinski inclusive já titulou esse comportamento da imprensa nacional:

CRETINISMO JORNALÍSTICO.

Mas a culpa não é exclusiva do jornalista recém-formado, naturalmente. O furo – que infelizmente não é o jornalístico, cada vez mais fora de moda – é mais embaixo. A falta de apoio da Redação acaba agravando seus problemas de formação.

Quando um repórter pergunta a uma mãe que acabou de perder um filho se ela está triste, significa uma maneira de iniciar a entrevista como qualquer outra. É uma maneira pouco imaginativa de começar o diálogo, mas a interação teria de iniciar de algum modo. Diz o professor da USP:

— *O valor de face da pergunta é sempre óbvio, mas por trás de diferentes tipos de perguntas óbvias podem existir diferentes situações. Essa abordagem à mãe do morto pode demonstrar simplesmente um mecanicismo dele, que está na quarta entrevista do dia. Pode ser também uma certa morbidez do repórter, que imagina a mãe triste, arrasada e pensa: "Eu vou fazer ela falar, botar pra fora tudo isso. Ela vai dizer tudo isso pra câmera e vai chorar, se possível".*

Kusinski entende que esse é um comportamento de iniciativa do repórter, e acredita que, se a orientação partisse da Redação, a questão viria mais bem elaborada.

Confusões no Estúdio

No rádio, as emissoras jornalísticas ocupam as manhãs de domingo com programas mais longos, sem aquela correria da semana. Matérias extensas, leituras de jornais e revistas e longas entrevistas predominam, tendo como assunto de destaque o esporte – que tem no domingo exatamente seu dia mais nobre.

Numa das grandes emissoras, manhã de domingo, o tema era a competência do goleiro Taffarel, muito criticado por suas atuações na seleção brasileira. A torcida pedia sua substituição. Produtor e apresentador combinaram procurar um ex-jogador daquela posição para que fossem explicadas as dificuldades e o porquê daquela fase de azar.

O produtor sugeriu Waldir Peres, ex-goleiro da Ponte Preta e do São Paulo, ex-titular da própria seleção brasileira na Copa do Mundo de 1982. Ele tinha na agenda o telefone da casa de Waldir. Ligou e a gravação dizia que o número daquele telefone havia mudado.

O produtor então procurou auxílio na lista telefônica e prontamente foi atendido. O número correto era tal. O telefone atende.

"Waldir, tudo bem? Aqui é fulano de tal, da rádio tal, vamos para o ar falar de seleção?" "Tudo bem", teria respondido Waldir do outro lado da linha.

Ligação feita, som testado, o produtor dá o sinal de OK para o apresentador, dizendo que o ex-goleiro está na escuta, pronto para o bate-papo. O diálogo que você vai acompanhar reproduz com o mais absoluto rigor o que aconteceu no ar.

— *Agora vamos falar sobre uma posição difícil no futebol, a de goleiro. Taffarel está sofrendo muitas críticas e o nosso convidado é Waldir Peres. Tudo bem, Waldir, bom dia!*

— *Bom dia!*

— *Você continua trabalhando como técnico de futebol?*

— *Não.*

— *Mas você não estava treinando um time do interior recentemente?*

— *Não.*

— *Então você está desempregado, Waldir?*

— *Não. Por acaso é algum trote? Porque eu sou homônimo do Waldir Peres. Já fui confundido várias vezes.*

Resumo da opereta:
Quando o produtor ligou, na ânsia de colocar alguém no ar, sequer perguntou se o tal Waldir era mesmo o ex-goleiro. Nem deu tempo ao homem que explicasse que jamais havia batido ao menos uma bolinha com os amigos.

Waldir conhecia futebol, sim, mas como torcedor. E o apresentador acabou entrevistando-o por cinco minutos como se fosse o outro Waldir.

Outro exemplo absolutamente verídico aconteceu envolvendo um conhecido apresentador de rádio. Programa no final da tarde, ainda em época de Copa do Mundo.

Durante o jornal, naquele horário, entra a vinheta de futebol e o produtor dá um sinal para o locutor de que o Didi está na linha, pronto para a entrevista.

— *Nós temos na linha agora um dos maiores humoristas do Brasil de todos os tempos, fantástico na TV e no cinema, carismático, um verdadeiro ícone para as crianças. Mas ele também entende de futebol e tem suas opiniões sobre a nossa seleção brasileira.*

— *Boa tarde, Renato Aragão?!?!?*

O sinal que veio do outro lado da linha era o de um telefone desligado, provavelmente batido com muita força pelo ex-craque do Botafogo carioca e da seleção, o Didi, o saudoso Folha-seca.

O apresentador não disse absolutamente nada, não tentou qualquer justificativa. Apenas disse que a linha tinha caído e que a qualquer momento a entrevista seria retomada.

Nos veículos eletrônicos, com programas ao vivo, produção e apresentação devem estar sincronizadas para evitar gafes de difícil explicação e recuperação. A recomendação principal é uma reunião antes e outra depois de cada programa, para avaliação do que foi ao ar, e uma prévia do que acontecerá no dia seguinte.

Às vezes, quando os fatos atropelam aquilo que foi programado, é preciso ter muito cuidado. Todas as emissoras de rádio (pelo menos as principais) trabalham com comunicação interna entre estúdio, técnica e produção.

Numa entrevista ao vivo, são deveres:	
DO PRODUTOR	DO APRESENTADOR
▪ Fazer uma entrevista de contato ▪ Passar nome correto do entrevistado ▪ Passar profissão ou cargo ▪ Anotar o que lhe foi dito na entrevista de contato ou preparatória	▪ Estar ligado nisso tudo

DICAS IMPORTANTES

- Quando o entrevistado estiver plugado, ou seja, na escuta do programa, já pronto para entrar no ar, a produção avisa. NUNCA ANTES DISSO.
- É fundamental testar previamente o nível da voz do entrevistado e perguntar se ele está ouvindo bem o retorno do som enviado pela técnica.

- Se durante a entrevista o áudio ficar ruim, vale uma interrupção para restabelecer o contato. Aí o sucesso depende muito da experiência do apresentador, que precisará manter-se no improviso até que a nova ligação tenha sido feita.
- Se for uma personalidade rara – o papa –, a entrevista segue, mesmo com som ruim.

Mesmo com essas providências, os programas não estão livres de confusões estabelecidas entre produção e apresentação. Portanto, ria agora para não chorar mais tarde.

Confusões no Estúdio II: o Ouvinte-repórter

Nos últimos anos, as emissoras de rádio passaram a usar mais intensamente os seus ouvintes ligando e entrando no ar com a informação. O surgimento do celular aumentou e facilitou a prática. Muita gente entalada em grandes congestionamentos pela cidade ou nas estradas entra no ar informando a audiência. Fórmula simples, que funciona.

Só que falta de triagem e inexperiência na produção podem colocar em risco toda uma programação. Antigamente, gravava-se o ouvinte e depois seu depoimento era colocado no ar. Hoje é tudo ao vivo. Ligou, deu o nome e o local, pronto, está "conectado".

Certa vez, um experiente profissional resolveu testar o sistema. Estava num congestionamento na Rodovia dos Imigrantes e ligou para a emissora. Ficou 5 minutos conversando com o imberbe apresentador, simplesmente imitando um português de sotaque carregado. Em outra ocasião, registrada para o constrangimento geral – dentro e fora da rádio –, a coisa foi pior.

— *Alô! Quem fala?*

— *Aqui é o Rafael.*

— *Você fala de onde?*

— *Aqui da Marginal Tietê.*

— *E qual é a informação, Rafael?*

— *Gostaria que todos no trânsito fossem tomar no ... [em alto e bom som]*

Não deu tempo para o técnico cortar a ligação, e a Redação se transformou num misto de risos e indignação. Mas a história não terminaria naquela ligação.

Meia hora mais tarde, outro ouvinte plugado, voz fina:

— *Alô! Quem fala?*

— *Aqui é o Júlio.*

— *E qual é a sua informação para os demais ouvintes?*

Ele regulou a voz normal, de Rafael, e mandou bala:

— *A mesma daquela hora, tô na Marginal e gostaria que todos fossem tomar no ... [novamente em alto e bom som]*

Nos dias que sucederam a tragédia radiofônica, a chefia resolveu que ouvinte só entraria no ar depois que passasse à produção nome, endereço, profissão, número de RG, desligasse o telefone e fosse conectado novamente. A determinação durou alguns dias e logo o processo antigo foi retomado, com os mesmos riscos de a audiência ouvir algo completamente fora dos padrões da emissora.

Todo cuidado é pouco quando se trata de colocar ouvinte falando. A melhor receita é gravar primeiro e fazer a triagem depois.

Um Dia é do Entrevistador...

Com uma longa e vitoriosa carreira nas costas – que inclui matérias sobre os incêndios dos edifícios Andraus e Joelma –, o jornalista Milton Parron ri ao lembrar de momentos hilariantes e agonizantes que passou como repórter, enfrentando situações tão distintas como a cobertura de um transplante de coração ou a de um acidente de trem ou ônibus.

Para Parron, perguntas esdrúxulas quase nunca têm relação com a falta de inteligência do repórter, mas com a falta de preparação para a entrevista e a desatenção ao ouvir as respostas.

Ele mesmo tem história para contar. Daquelas que jornalista algum jamais vai esquecer.

"Eu estava no Instituto Médico Legal, relatando o drama das pessoas que chegavam em busca de notícias de parentes mortos num grande acidente ferroviário em São Paulo. O local já não é agradável para qualquer tipo de entrevista, porque o foco é um só – morte e suas causas.

Durante a correria, entrando ao vivo com constantes boletins, encostei num médico (eles raramente saíam para as entrevistas) e mandei bala:

— *Das vítimas que foram trazidas aqui para o IML, deu para salvar muitas delas???*"

Parron tem três regras fundamentais para o jornalista não incorrer em erros ou situações que o levem à desmoralização com o entrevistado:

- **Não querer resolver logo a entrevista.** Apesar de os repórteres de hoje cumprirem várias pautas por dia, todos sabem que a pressa é inimiga da perfeição e da informação precisa
- **Preparar-se adequadamente para perguntar e para debater.** O jornalista deverá estar com um mínimo de conhecimento prévio sobre aquilo que irá perguntar e transmitir
- **Ouvir a resposta do entrevistado com cuidado e atenção.** Muitas vezes o interlocutor está respondendo a determinada pergunta e o repórter não presta a mínima atenção, mentalizando a pergunta seguinte. Nesse instante, por absoluta

falta de atenção, poderá surgir uma pergunta cuja resposta já estava contemplada na fala anterior. O que revela fragilidade e expõe o representante da imprensa naquele instante

Especialistas em Generalidades

O grande jornalista Eduardo Martins, autor do *Manual de Redação e Estilo* do jornal *O Estado de S. Paulo*, do alto de seus mais de 35 anos de casa e com experiência de microfone, recebe várias vezes por dia repórteres e redatores para tirar dúvidas sobre a velha e complicada língua portuguesa.

Antes de qualquer alusão à falta de preparo do cidadão para enfrentar um microfone e uma câmera, Martins prefere lembrar que a generalidade de coberturas a que os jovens repórteres estão submetidos pode ser o início de uma péssima performance. O jornalista faz muita coisa, não se especializa em nenhuma e acaba não fazendo nada bem.

Fala Eduardo Martins:

"Quando você trabalha num jornal, você tem o recurso de ir ao arquivo, consulta, pega as pastas, sai com alguns dados importantes, o que a pessoa que você vai entrevistar já respondeu em conversas anteriores etc.

No rádio e na televisão a situação é um pouco diferente, porque o imediatismo acaba impedindo esta consulta prévia. Por exemplo, para cobrir um crime, a principal preocupação é saber do delegado como foi, quem matou. Isso pode ser considerado normal, mas é inevitável.

Nós sabemos que o improviso é extremamente cruel, você fala coisas que não deveria falar, fala sem querer e aí não dá para voltar atrás, porque está ao vivo, não cabe edição. Mas o grande problema é a generalidade, que obriga o repórter a cobrir muitos temas diferentes numa mesma jornada, sem estar preparado para isso. O fato vem acontecendo sistematicamente em nossas emissoras, também com a redução do quadro de pessoal setorista, como tínhamos antigamente em aeroporto, polícia, Câmara e Assembléia".

Não bastasse, a língua portuguesa é cheia de armadilhas. A terminologia do Legislativo, por exemplo, é extremamente complicada. É preciso muita atenção com os termos nas entrevistas. Projeto de lei, lei aprovada, medida provisória, projeto do Executivo e tantas outras coisas confundem a cabeça de quem não lida com a matéria todo dia.

Em entrevista com o secretário de Segurança Pública, querendo saber da tramitação de determinado projeto, a repórter escorrega:

— *Doutor, o senhor pode nos dizer como está a transação dessa matéria???*

Uma bela orgia lingüística, sem dúvida.

Para Eduardo Martins, problemas como esse poderiam ser minimizados com uma preparação interna. Ele se lembra que, há alguns anos – provavelmente antes da Internet –, quando escrevia um texto, levantava-se e mostrava para uma, duas ou mais pessoas da Redação. E as correções eram feitas sem constrangimentos.

Em Boca Fechada Não Entra Mosca

O EXPERIENTE JORNALISTA BORIS CASOY lamenta a existência de duas correntes de perguntas pobres praticadas hoje no jornalismo eletrônico. A primeira delas é a ignorância e o desconhecimento; a segunda é a distração ou armadilha, que qualquer um está sujeito a sofrer, mesmo depois de tantos anos.

O primeiro caso levantado por Boris é o mais grave, aquele da ignorância ou desconhecimento, que pode vir de uma péssima formação escolar no ensino fundamental ou deficiência do curso superior. Ou pior. Pode vir também do jornalista culto, que tem domínio da língua. E aí a explicação é parecida com um filme de terror: "Ele simplesmente não acompanha o noticiário", diz Boris. O próprio jornalista não tem o hábito de acompanhar o noticiário através dos jornais, às vezes não o faz no seu próprio veículo.

A equipe da TV sai logo pela manhã com a pauta para cobrir crime, em São Paulo, acontecido na noite anterior. Marido e mulher foram assaltados num farol, quando passeavam de carro. O marido é baleado por um dos assaltantes. O repórter pergunta à esposa:

— *A senhora ficou muito assustada na hora do tiro?*

A dureza do momento atrapalha, é verdade. Mas convenhamos que há perguntas melhores a fazer. Na primeira entrevista do atleta João do Pulo após a amputação de uma perna, causada por acidente de trânsito na Via Anhangüera, o campeão de salto triplo não passou impune (e a dor foi geral):

— *O que dói mais, a dor física ou a dor psicológica?*

Numa dessas coberturas de carnaval, o repórter vai até o posto do Corpo de Bombeiros da Praia José Menino, em Santos, onde a informação era de que um corpo acabara de ser retirado. Afogamento, o que acontece muito durante os períodos de cheia.

O repórter descreve a cena, dá as características do corpo, pergunta ao soldado dos Bombeiros se houve algum pedido de socorro ou se o corpo foi simplesmente levado para a praia pelas ondas.

Aí, para não perder o bonde da história, vem a fantástica pergunta:

— *A pessoa morre porque não respira ou porque bebe água demais?*

Fala Boris Casoy:

"Eu brinco muito, chamando a distração de 'ataque de burrice'. Você tem um súbito ataque dessa burrice e acaba fazendo uma pergunta óbvia. Eu colocaria também um terceiro ponto, porque, às vezes, a pergunta óbvia não é feita. Não aquela obviedade criticável, mas às vezes você entrevista uma pessoa e pergunta simplesmente qual é a sua idade, e isso está dentro do contexto, ou onde ela nasceu, ou porque ela tem aquele sotaque.

As pessoas gostam de saber, e eu também vou por esse caminho; mas depende muito da abordagem, e isso só vem com experiência e respeito ao tema e ao seu entrevistado. Se você conhece os dois, você não fará perguntas óbvias".

A polícia estourou um cativeiro de seqüestradores que atuavam na zona sul de São Paulo, e a equipe imediatamente saiu da Redação disposta a preencher a programação com uma bela reportagem policial. Chegando à delegacia, durante a apresentação dos presos, o repórter – que estava começando na profissão – resolveu arriscar umas perguntas a um deles, que insistia em manter o rosto encoberto com a jaqueta.

A entrevista já durava uns cinco minutos, com perguntas e respostas monossilábicas, além dos murmúrios de "Não, Senhor Doutor", "Não sei não Senhor" e outros bordões da criminalidade.

O repórter então sentiu que seu repertório de perguntas estava se esgotando e aí mandou fogo numa questão que deixa profundamente irritados espectadores com um mínimo de inteligência e faz subir de raiva os pêlos dos delegados de polícia:

— *Fulano, o crime compensa?*

No rádio e na televisão, quando a pergunta óbvia está na edição, aí é ataque de burrice, mesmo. O criador do bordão "Isto é uma vergonha!" chega a classificar de crueldade soltar jovens imberbes para matérias importantes, que acabam por se acovardar quando se aproximam de alguém famoso, seja político ou artista.

Fala Boris Casoy:
"O cara fica embotado mesmo e solta uma burrice. Isso pode acontecer também num episódio que sensibiliza, onde a pessoa está vendo pela primeira vez. Eu me sensibilizo, mas procuro colocar uma barreira. Não caio em prantos".

O Outro Lado da Pergunta Óbvia

NÃO ÀS PERGUNTAS ÓBVIAS, mas calma com o andor. Esse é o recado do experiente repórter Clóvis Rossi, da *Folha de S.Paulo*, 40 anos de profissão e centenas de viagens internacionais acompanhando governantes brasileiros. O jornalista faz uma defesa corporativa da classe, justificando uma parte das perguntas óbvias como "aquecimento" – como fazem os jogadores antes de uma importante partida.

Fala Clóvis Rossi:
"A gente cerca o presidente na expectativa de que ele diga alguma coisa. Se a primeira pergunta for agressiva, incômoda, direta num ponto que talvez ele não queira tocar, há uma grande chance de que ele simplesmente ignore um chamado para entrevista. Vira, vai embora e você perde a chance de obter informações, com perguntas óbvias ou não.
É melhor você queimar uma pergunta com maior obviedade como 'O que o senhor acha da situação no Uruguai?' [*a visita é ao Uruguai*]. Ele jamais vai dizer que o país que o recebe está mal das pernas, tem uma economia péssima e seu povo passa fome. Vai dar uma resposta óbvia que ninguém vai aproveitar. Mas isso permite a aproximação dos repórteres; aí você pode fazer as perguntas mais importantes".

Opinião semelhante tem Valdir Zwetsch, experiente jornalista gaúcho que tem passagens pelo *Zero Hora*, *O Cruzeiro*, *Veja*, TV Globo, Cultura e Bandeirantes – onde comanda hoje o *Jornal da Band*, o principal noticiário da emissora.

Zwetsch é condescendente com os repórteres, entendendo que, por mais bem preparado e atento que estejam, o mais importante é tirar a informação do entrevistado, e – às vezes – a pergunta mais idiota do mundo pode render uma boa resposta, uma boa entrevista.

Alguns profissionais da rua até sabem do risco da pergunta óbvia, mas insistem em nome de uma boa matéria, e então acabam escorregando. Se isso acontecer, azar do repórter e sorte para o jornalismo, para a informação.

Valdir Zwetsch perdoa o repórter, mas é implacável com o editor:
"Eu não posso perdoar o editor que deixa uma pergunta óbvia entrar no ar. Aí a responsabilidade é dele, até porque é muito fácil, numa edição de TV, suprimir uma pergunta, assim como na imprensa escrita. Na *Veja*, lembro que, nas entrevistas para as "Páginas Amarelas", a última coisa que o editor fazia era escrever as perguntas. Primeiro ele seleciona o que o entrevistado disse de mais importante, e só depois coloca, de uma forma inteligente, as perguntas, que, às vezes, não foram feitas de uma forma tão boa.

O que interessa ao leitor, telespectador e ouvinte é o que o entrevistado está dizendo e não aquilo que o jornalista está perguntando. A pergunta cretina vai ao ar por comodismo ou relaxamento da edição".

A crítica fica para as reportagens editadas. Ao vivo a situação é diferente, e aí está o fascínio da televisão atual, porque o repórter está sempre no limite entre o oportuno e o inoportuno, o relevante e o irrelevante, entre o inteligente e o imbecil.

Outro jornalista experiente, Marco Rodrigues, editor do *Jornal Hoje*, da TV Globo, destaca a importância da clareza num veículo que passa a mensagem de forma rápida:

— *O que é óbvio para nós nem sempre o é para o grande público, pessoas que geralmente nem dominam direito os assuntos que são tratados nos telejornais; e é para essa grande massa que trabalhamos. Não sou defensor da obviedade ou da redun-*

dância, mas precisamos ser claros, com tudo bem dito, e é possível fazer isso com criatividade, imaginação, linguagem direta e inteligente.

São mil macetes e mil caminhos que o futuro jornalista vai aprender na vida real, na Universidade da Rua.

conclusão

DEPOIS DE CURSAR a segunda turma de Comunicações, no começo dos anos 70, ter dado aula por três anos consecutivos na Fiam e Cásper Líbero e estar há cinco anos na Uniban, cuidando de Rádio e Televisão, preciso dizer que as escolas formadoras de jornalistas têm culpa no cartório, mas não do tamanho que falam, porque são forçadas pelas imposições do MEC (Ministério de Educação e Cultura), e muitas vezes se perdem no tempo e no espaço. Em algumas delas, os estudantes passam semestres clamando por laboratórios de fotografia, quando o mundo já eliminou a bacia com água na revelação e transmite a foto pelo telefone.

Há um desesperado frenesi, mesmo nos primeiros anos do curso, com as disciplinas básicas, pelo trabalho em estúdio de rádio e televisão – como se a essência do jornalismo fosse o mundo globalizado e glamuroso que William Bonner e Fátima Bernardes transmitem no principal jornal do país. Quando você conversa com a maioria dos estudantes de jornalismo sobre leitura de livros, desenvolvimento de massa crítica, especialização em textos, compreensão psicológica e outras coisas ligadas ao raciocínio, imediatamente a conversa deixa de interessar, e o assunto é abandonado e criticado. Sem falar na grande dificuldade que alguns enfrentam, por incrível que possa parecer, com a nossa língua, produzindo reviravoltas do velho Rui no seu túmulo.

É necessária uma mudança urgente nos nossos currículos e até no tempo de duração do curso de Comunicação Social. O diploma deve sim ser condição fundamental para o exercício da profissão, mas apenas como complementação. Dois anos, para quem tem curso superior, seriam absolutamente suficientes para passar técnicas de jornalismo.

Formação humanística não se ensina nas salas de aula de Jornalismo, muito menos bom senso na arte de entender o comportamento humano, recurso tão necessário na hora de transmitir um fato, de narrar um acontecimento, de passar uma informação a milhares de pessoas pelo rádio e pela televisão.

Outra interpretação equivocada está no fato de que os "doutores" podem ensinar jornalismo. Eles possuem uma experiência acadêmica fantástica, importante, mas só aquele que encostou sua barriga numa mesa de delegacia de polícia, aquele que enfrentou a polícia na manifestação pública, driblou e foi driblado pelos políticos, narrou incêndios e inundações, ouviu a mãe chorar pela morte do filho ou a torcida explodir de alegria na goleada, só esse tem condições de passar ao jovem que sonha com o microfone os verdadeiros ensinamentos de como praticar o bom jornalismo. Por isso, a máxima nas Redações: de que só a prática, o dia-a-dia, o "apanhar" de verdade é que provocam o surgimento de um grande jornalista na mídia eletrônica.

E como toda profissão exige dom, isso fica mais ressaltado ainda quando o instrumento é um microfone e o palco, um mundo através das câmeras de televisão.

para terminar

*O*s Tipos de Entrevistados

Dedo Leve: Aquele que gosta de ficar alisando o repórter, cutucando, colocando a mão no ombro e o pior de tudo: depois da pergunta, ele agarra o microfone. [Quando isso acontecer, pare a entrevista e diga que você segura o microfone por questões técnicas.]

Esgrima: O áspero, que responde querendo briga.

Negativo: Nega-se a responder qualquer assunto, ou responde monossilabicamente.

Quiabo: Queima todas as perguntas, sai fácil.

Sabonete: Sai liso das perguntas mais complicadas respondendo outras coisas.

Seboso: Aquele que fica cheio de sorrisos para "as" repórteres, gosta de cantar jornalistas e prefere as entrevistas individuais.

Soninho: Dá longas respostas para chegar ao ponto.

Os Tipos de Repórteres

Amigo: Não bastasse o relacionamento íntimo com o entrevistado fora dos microfones, leva isso para o ouvinte ou telespectador, como faziam alguns repórteres com Émerson Fittipaldi, abrindo a entrevista com algo do gênero: "E aí, Rato, tudo pronto?".

Crica: Aquele que não está satisfeito com nenhuma resposta e em todas entra com perguntas do tipo: "O senhor poderia explicar melhor, detalhar isso, repetir ao ouvinte...".

Distraído: Pergunta exatamente o que o entrevistado acabou de responder na questão anterior.

Empolado: Quer mostrar erudição, ou realmente tem, mas coloca alguns chavões manjados, como: "Esta é a pergunta que não quer calar...".

Importante: Aquele que começa ou termina a entrevista dizendo: "Agora realmente a pergunta fundamental, a pergunta que não poderia faltar...".

Óbvio: Fica sempre naquelas perguntas normais, como se a pessoa está triste, alegre, contente, o que pensa etc.

Partidário: Começa sempre com: "O microfone está à sua disposição para os esclarecimentos necessários".

Poliglota: Mal fala o português, mas na coletiva quer mostrar que tem conhecimento de outras línguas. Acaba virando chacota quando tem de fazer uma segunda pergunta.

Raivoso: Abre sempre com uma pergunta que atinge a garganta do entrevistado, como: "O senhor rouba mas faz?".

Rapidinho: Quer fazer logo a entrevista, não tem paciência para ouvir e corta os colegas na coletiva.

Sabe Nada: Começa sempre com: "O que o senhor acha?".

Sabe Tudo: Aquele que quer passar para o ouvinte ou telespectador que está por dentro do assunto. Faz uma enorme pergunta, contando os fatos para o entrevistado, e termina invariavelmente com: "Você não acha?".

As Perguntas Mais Cretinas

Como se fosse um time entrando em campo, guarde as 11 perguntas titulares que mais povoam os noticiários de rádio e televisão, e, ao empunhar um microfone, procure jamais repetir qualquer uma delas, mostrando respeito à inteligência de quem o está ouvindo e vendo.

1. "A senhora está triste?" [com a morte do filho]

2. "E aí? Dá para vencer?" [antes do jogo]

3. "Dá para virar o placar?" [no intervalo do jogo]

4. "Está doendo muito?" [para acidentado ou contundido]

5. "Feliz com a vitória?" [depois do jogo ou da eleição]

6. "Como o senhor vê a aprovação?" [para qualquer situação]

7. "Qual a grande diferença entre o futebol paulista e o futebol carioca?" [na mudança de time]

8. “Você está otimista? [antes de qualquer disputa]

9. “O que mudou na sua vida?” [depois de ganhar na loteria ou de um grave acidente]

10. “Qual a sua maior esperança? [para a mãe que procura um filho desaparecido]

11. “O senhor esperava por essa tragédia?” [ao comandante depois de um incêndio]

Este livro foi composto nas fontes
Electra e Frutiger e impresso em março de 2003
pela OESP Gráfica S/A sobre papel offset 90 g/m².